I0087256

Amor: El Sistema Operativo del Cielo

Por José Font

Fundador de God Embassy International

© 2018 por José Font

Ninguna parte de este libro puede ser reproducida en forma escrita, electrónica, por grabación o fotocopia sin el permiso por escrito del autor. Una excepción a esto es su uso para citas breves en revisiones o artículos críticos donde el permiso sea concedido de forma específica.
Las citas bíblicas, excepto donde se indique lo contrario, están tomadas de la Santa Biblia, Versión Reina-Valera.
Los libros pueden ser adquiridos contactando al editor y el autor en:
http://www.josefont.org/
Fabricado en los Estados Unidos de América
Los libros están disponibles en cantidad para uso promocional o premium. Para obtener mayor información sobre ventas y descuentos, visite nuestro sitio web:
http://www.josefont.org/

Agradecimiento

Quiero agradecer a mi hijo, Isaias, por su emoción constante acerca de esta gran revelación. ¡Me produjo mucha alegría!

Gracias a todos en el equipo de José Font Ministries, quienes me ayudaron mucho. Un agradecimiento especial para Eliel y Mariela por su gran apoyo en la publicación de este libro.

A todos en God Embassy International, les quiero decir: los amo a todos.

Tabla de contenido

Prefacio

"Si yo hablase lenguas humanas y angélicas, y no tuviese amor, vengo a ser como metal que resuena, o címbalo que retiñe. Y si tuviese profecía, y entendiese todos los misterios y toda ciencia, y si tuviese toda la fe, de tal manera que trasladase los montes, y no tengo amor, nada soy. Y si repartiese todos mis bienes para dar de comer a los pobres, y si entregase mi cuerpo para ser quemado, y no tengo amor, de nada me sirve." **1 Corintios 13: 1-3**

--

Cuando era joven, fui criado en una familia amorosa dentro de una comunidad enriquecedora que hizo crecer en mi la pasión por seguir la palabra de Jesucristo. Son las personas a tu alrededor las que te moldean para ser el hombre o la mujer en que te convertirás. Si no fuera por las personas que admiraba, no sería la persona que soy ahora.

Los modelos a seguir y la comunidad son increíblemente importantes tanto para jóvenes como adultos. Después de todo, a medida que estudiamos juntos la palabra de Dios y compartimos nuestras experiencias unos con otros, todos crecemos. Esto es importante, ahora más que en cualquier otro momento, especialmente en el mundo de hoy de no creyentes y cínicos.

Parece que fue ayer cuando prediqué por primera vez. Tenía 9 años y sentía mucha pasión por el amor de Dios y de Jesús. Quería compartir esa experiencia con la comunidad de mi iglesia, mi familia e incluso con las personas que caminaban por las calles. Es lógico que mi primer libro sea dedicado al amor.

Las ideas para este libro han crecido con mis experiencias al compartir el mismo amor que predicaba cuando era joven en muchos países del mundo. Este tema ha estado cerca de mi corazón desde hace muchos años, así que estoy contento de compartir este cambio de vida contigo. No hay mejor momento para compartir la revelación sobre la importancia del amor que este momento, ya que la incertidumbre y la duda constantemente atacan nuestras mentes.

Uno de los principales mensajes de *Amor: El Sistema Operativo del Cielo* se encuentra en **Mateo 22: 34-39.** En esta sección de la Biblia, Jesús ordenó que amemos a nuestro Dios con todo nuestro corazón y que también amemos a nuestro prójimo como a nosotros mismos.

Sin embargo, tanto los creyentes en Cristo como los no creyentes tienen problemas para entender qué es el amor, cómo amar y qué significa amar completamente a Dios y a nuestro prójimo. De hecho, sin esta comprensión, la vida pierde sentido y nos encontramos mental, física y espiritualmente en guerra unos con otros.

Es exactamente por eso que escribí este libro. Quiero que entiendas el amor de Dios por ti para que este amor pueda resonar en cada parte de tu alma. Tu amor por Dios y la humanidad se prueba todos los días. La única manera de renovarse y convertirse en la persona amorosa y espiritual para la que estás diseñado es encontrar una vez más tu pasión por Cristo.

Lo que vas a leer te dejará tan confiado en el amor de Dios y en su plan para ti que compartirás esta revelación con todos los que encuentres.

Mi esperanza es que uses esto como guía para entender la palabra de Dios. Espero que te ayude a desarrollar una conexión más fuerte con tu creador. Estas son solo algunas de las lecciones que aprenderás en los siguientes capítulos:

• Cómo y por qué debes renovar tu compromiso como seguidor de Jesucristo para vivir de acuerdo con la Regla de Oro.

• Cómo dedicar tu vida a amar de verdad a Dios amándote a ti mismo, a tus vecinos e incluso a tus enemigos.

• Cómo cultivar la paz entre tú y otras personas, incluso cuando las emociones negativas son una batalla diaria.

• Cómo destruir hábitos negativos que te impiden hacer crecer tu amor por el Señor, a ti mismo y a los demás.

Como puedes ver, esto es más que tu libro diario. Es un recurso que acompaña a la Biblia, que proporciona los pasos para la acción para crecer y sanar. Úsalo como una guía para estudiar la Biblia y te ayudará a dar forma a cómo experimentas el amor de Dios y cómo ves el mundo.

En tu primera lectura, comienza por el principio y continúa hasta llegar al final. Tu comprensión del Sistema Operativo del Cielo crecerá con cada capítulo.

En las lecturas posteriores, lee las secciones que necesitas volver a visitar. Cada capítulo brinda consejos prácticos para fortalecer las relaciones, así que regresa a cualquier capítulo que te ofrezca la ayuda que necesitas.

Así que… ¿Estás listo para construir tu base espiritual y formar una relación más fuerte con Dios? El hecho de que tengas este libro muestra tu propósito. Dios está listo para que desarrolles emociones positivas como el amor y la compasión mientras aprendes a lidiar con las emociones negativas de una manera saludable.

Una vez que estés listo para comenzar, pasa la página. Pronto estarás en un viaje que te cambiará la vida y te dará una nueva perspectiva de por qué estás aquí y qué hacer a continuación.

Introducción

Cuando decimos "Dios es amor", ¿qué significa aquello realmente? Lo más probable es que, incluso si has sido cristiano la mayor parte de tu vida, no estés 100% seguro de la respuesta. Sin embargo, la respuesta a esta pregunta es la clave del éxito y de la felicidad en la Tierra, así como de la vida eterna en el Cielo.

Hay una gran división entre Dios y su pueblo, y esta es más grande que nunca. Desafortunadamente, la humanidad ha olvidado el amor incondicional de Dios y no comprende por qué es tan importante.

Con el aumento del ateísmo y el escepticismo de la comunidad, menos jóvenes están siguiendo la palabra de Dios. Combina eso con la guerra, la violencia y los problemas que experimentan las personas a diario y comprenderás que vivimos en tiempos difíciles.

La tecnología, las distracciones y el trabajo nos impiden formar una relación con el Señor. Y cuando no entendemos cómo funciona el amor de Dios en nuestras vidas, creemos que las oraciones sin respuesta significan que Dios nos ha olvidado.

Pero ten fe, porque tu propia existencia es una señal de que Dios te ama y quiere lo mejor para ti. ¿Sientes curiosidad sobre cómo puedes aprender esto por ti mismo?

Este libro, *Amor: Sistema Operativo del Cielo*, explica el "sistema operativo" detrás de cómo funciona el mundo de Dios. Es una guía práctica que te dice cómo operar, conocer el amor de Dios y comprender Su propósito para tu vida.

En cada capítulo, aprenderás cómo la Biblia describe este sistema de principios espirituales. Esto no solo incluye cómo desarrollar una pasión más fuerte por la vida a través de la devoción al Señor, sino que también mejora las relaciones con todas las personas y criaturas.

Así es como sé que esto es verdad. Cuando era joven, los pastores y otras figuras religiosas decían que yo tenía un don. Vieron mi devoción por el crecimiento espiritual y me enseñaron lecciones importantes sobre nuestro salvador Jesucristo.

A lo largo de los años, esta devoción creció. Me ha llevado alrededor del mundo enseñando a centenares sobre la palabra de Dios. A través de estas lecciones, he inspirado, bendecido y renovado el compromiso de las personas con su Señor y Salvador.

La gente de todo el país ahora visita mi ministerio, God Embassy International, el cual fundé en Riverview, Florida. Y si yo, un joven del Bronx, puedo vivir una vida llena de la gracia de Dios, sé que tú también puedes experimentar esta misma conexión.

Todo lo que necesitas para comenzar es el mismo conocimiento que me fue transmitido, que se describe en *Amor: Sistema Operativo del Cielo*

Esta guía te ayudará a desarrollar una relación más fuerte con el Señor y con todas las personas con las que te encuentres. El conocimiento que proporciona te ayudará a mejorar tu satisfacción con la vida y aceptar lo que Dios tiene reservado para ti.

Una vez que comprendas cómo funciona el sistema operativo, tendrás el poder de controlar las situaciones, tanto malas como buenas. No importa lo que te depare la vida, podrás caminar por tu vida diaria con amor, y aprenderás a controlar las emociones negativas que te alejan de Dios. No puedes permitirte adquirir este conocimiento en otro momento. Es demasiado poderoso para leerlo más tarde. Empieza ahora. Esta guía responderá algunas de tus preguntas más profundas sobre la Biblia y Dios. Mientras lees, debes mantener la mente abierta y tener la voluntad de aprender. De lo contrario, vivirás preguntándote por qué te pusieron en esta Tierra.

¡Ahora es el momento de desarrollar tu relación con Dios! El Señor está esperando mejorar tu vida si entiendes lo que significa caminar en Su amor. Por lo tanto, comprométete a crear una mejor relación con tu creador y tus vecinos, al continuar leyendo *Amor: Sistema Operativo del Cielo*. *¡Alabado sea Dios!*

I. El Sistema Operativo del Cielo

"Amados, amémonos unos a otros; porque el amor es de Dios. Todo aquel que ama, es nacido de Dios, y conoce a Dios. El que no ama, no ha conocido a Dios; porque Dios es amor". **1 Juan 4: 7-8**

--

¿Cuándo fue la última vez que enviaste un mensaje de texto a alguien o respondiste un correo electrónico en la computadora? Estas cosas son posibles porque tu computadora, teléfono o tableta tiene un sistema operativo incorporado.

El sistema operativo te permite hacer una llamada de video, navegar en la web o ver tu video favorito. No es necesario que conozcas un lenguaje informático complicado para usar un dispositivo electrónico gracias al sistema operativo. El sistema operativo se encarga por ti. Esta analogía explica cómo funciona el mundo bajo el Sistema Operativo del Cielo.

El Sistema Operativo del Cielo se compone de leyes aquí en la Tierra que crean una fuerte conexión entre nosotros y Dios. Encontrarás estas leyes en la Biblia, que describen cómo nosotros, como seres humanos, creados a imagen de Dios, debemos actuar durante nuestro tiempo en la Tierra. Muchos conocen estas leyes como los Diez Mandamientos.

Aquí están los Diez Mandamientos, que puedes encontrar en la Biblia tanto en Éxodo 20: 2-17 como en Deuteronomio 5: 6-21:

1. No tendrás otros dioses delante de Mí.
2. No te harás imagen ni ninguna semejanza de lo que hay arriba en el cielo.
3. No tomarás el nombre del Señor tu Dios en vano.
4. Recuerda el día de reposo y santifícalo.
5. Honra a tu padre y a tu madre.
6. No matarás.
7. No cometerás adulterio.
8. No robarás.
9. No darás falso testimonio contra tu prójimo.
10. No codiciarás.

¿Notas un hilo común entre los Diez Mandamientos? Las diez de estas reglas apuntan a una ley específica que gobierna el Sistema Operativo del Cielo. Esa ley es amar en primer lugar a tu Dios, pero también a tu prójimo como a ti mismo.

Los Diez Mandamientos también muestran que el amor no es un sentimiento, sino un mandamiento. En pocas palabras, el amor comienza con la obediencia. Al igual que cualquier sistema operativo, El Sistema Operativo del Cielo tiene beneficios y restricciones.

Puedes ver claramente los beneficios y las restricciones en este pasaje:

" El amor es sufrido, es benigno; el
amor no tiene envidia, el amor no es
jactancioso, no se envanece; no hace
nada indebido, no busca lo suyo, no
se irrita, no guarda rencor; no se
goza de la injusticia, mas se goza de
la verdad. Todo lo sufre, todo lo
cree, todo lo espera, todo lo
soporta". **1
Corintios 13: 4-7**

Ten en cuenta que cuando digo restricciones, no me refiero
a cargas. Ya ves, las leyes o restricciones de Dios no deben
sentirse como una carga. Si se sienten como una carga,
entonces no las estás mirando correctamente. La ley trae
orden y el orden elimina el dolor. Cuando hay dolor en tu
cuerpo, significa que algo no está en orden. Otro ejemplo
perfecto es cuando te paras en una luz roja. Aunque es una
ley, no se siente como una carga porque entiendes que al
detenerte, no solo te estás protegiendo a ti mismo sino a
otros al mismo tiempo. Una vez que comprendas cómo los
principios celestiales nos protegen a todos, no querrás
operar fuera del Sistema Operativo del Cielo.

Los seres humanos creados a Su imagen tienen una gama
de emociones muy similar a las de Dios. Sin embargo, la
diferencia es que el amor de Dios es insondable e
incondicional.

El amor incondicional requiere un gran trabajo para los
seres humanos que operan fuera del sistema. Es solo
cuando controlamos nuestras emociones negativas y

siempre operamos desde un lugar de amor que podemos asegurar la entrada al cielo.

Cada situación en la vida requiere que intercambiemos amor. Cuando hacemos esto, nos acercamos más a Dios. Sí, esto incluso incluye las experiencias que consideramos "malas". Incluso cuando las acciones de los demás o las experiencias que atravesamos nos parecen negativas, siempre hay una imagen más grande que solo Dios ve.

En situaciones que te hacen infeliz, lo mejor que puedes hacer es dejar que el amor haga todo el trabajo. Sé que has oído esto antes: permite que Dios se haga cargo. Hoy, te digo: deja que el amor se haga cargo. Si Dios es amor, entonces esto simplemente significa que cuando la Biblia habla de amor, en realidad está hablando de Dios mismo. ¡Por eso el amor es tan fuerte! ¡Estás comenzando a verlo ahora! ¿Cierto?

Dios, no tú, será el juez al final. Al continuar amando a Dios y a los demás a través de lo bueno y lo malo, seguimos directamente sus mandamientos y vivimos dentro del Sistema Operativo del Cielo.

"Pero el que guarda su palabra, en éste verdaderamente el amor de Dios se ha perfeccionado; por esto sabemos que estamos en él". **1 Juan 2: 5**

Como amamos a Dios, también debemos amar a aquellos a quienes nos encontramos, también a los conocidos como nuestros vecinos. Así como Dios ama a todo su pueblo y otorga perdón a aquellos que buscan la justicia a través de Cristo, así debemos perdonar.

Cada una de tus acciones tiene el potencial de influir en ti mismo, así como en otras personas. Debido a esto, el sistema operativo requiere que buenos cristianos actúen por amor en todo momento y les exige que piensen en el panorama general y el impacto de cada acción que tomen.

Otro aspecto de los sistemas operativos es que todos los dispositivos que funcionan bajo el mismo sistema se ven, se sienten y funcionan de la misma manera. Entonces… ¿Todos los cristianos se parecen? ¿Todos operamos igual? Cuando los dispositivos electrónicos funcionan bajo el mismo sistema, también tienen la capacidad de conectarse entre sí. Esto se llama sincronización. En el cielo esto se llama unidad. Si decimos que todos estamos funcionando dentro del Sistema Operativo del Cielo, entonces debemos demostrarlo trabajando en unidad. Una ventaja de la sincronización es la capacidad de expandirse y hacer trabajos mayores.

Por supuesto, operar únicamente desde un lugar de amor es más fácil de decir que de hacer. Es por eso que estos próximos capítulos exploran el amor en un nivel más profundo. Antes de analizar las diferentes formas de amor, las situaciones en las que debemos expresar nuestro amor y los regalos que recibimos al operar solo a través del amor, consideremos las consecuencias de trabajar fuera del Sistema Operativo del Cielo.

II. Vivir Fuera del Sistema Operativo del Cielo

"También debes saber esto: que en los postreros días vendrán tiempos peligrosos. Porque habrá hombres amadores de sí mismos, avaros, vanagloriosos, soberbios, blasfemos, desobedientes a los padres, ingratos, impíos, sin afecto natural, implacables, calumniadores, intemperantes, crueles, aborrecedores de lo bueno, traidores, impetuosos, infatuados, amadores de los deleites más que de Dios, que tendrán apariencia de piedad, pero negarán la eficacia de ella; ¡a éstos evita!" **2 Timoteo 3: 1-5**

--

No hay duda de que vivimos en tiempos difíciles. Ver las noticias y escuchar acerca de la violencia, los desastres naturales, el terrorismo y la maldad. Fuera de las organizaciones religiosas, hay una falta de modelos positivos para nuestros jóvenes. Importantes problemas ambientales como las sequías y la hambruna afectan a todos los continentes de la Tierra.

Incluso en países desarrollados como Estados Unidos, hay una mayor población de jóvenes y ancianos sin hogar que nunca antes. Durante miles de años, la humanidad ha tenido estos mismos problemas pero aún tiene que llegar a una solución. Las cosas solo empeorarán si los humanos continúan operando fuera de las leyes de Dios.

Capítulo I: El Sistema Operativo del Cielo proporcionó una comprensión básica de las leyes naturales de Dios. Ahora es el momento de despertar a las realidades del mundo. Quiero que descubras cómo vivir en el Sistema Operativo del Cielo puede transformar tu vida. Pero antes de adquirir este conocimiento poderoso, es importante entender las consecuencias de vivir fuera de estos principios.

La Biblia dice que debido a que la iniquidad abundará, se enfriará el amor de muchos. Muchas veces, he escuchado a las personas decir que no pueden amar completamente a alguien porque tienen miedo de lastimarse. El miedo y el amor no se mezclan. Debes amar con todo tu corazón, no con la mitad. Por ejemplo, imagina a Jesús diciéndole a su padre celestial que cambió de opinión acerca de venir a este mundo a morir por nosotros porque tenía miedo de ser rechazado y perseguido. Él sabía exactamente lo que le iba a pasar, pero aun así nos amó hasta el final. ¿Sabes lo que significa amar hasta el final? Entraremos en ese tema más adelante en el libro.

Una tarde, mientras oraba y le preguntaba al Señor qué quería que escribiera en este capítulo, escuché una voz repentina que decía: "Escribe sobre el ODIO". ¿Qué es el odio? Según el diccionario, es un sentimiento intenso o una aversión apasionada hacia alguien o algo. ¡Entonces fue cuando me golpeó! ¿Estás listo para esta revelación?

Dios me estaba mostrando el sistema operativo del diablo.

"El ladrón viene solo para robar, matar y destruir; Yo he venido para que tengan vida y la tengan en abundancia".
Juan 10:10

Verás, tanto el amor como el odio implican pasión. El odio es una mala pasión. El resentimiento es el problema número uno en la actualidad. El resentimiento es simplemente repetir experiencias dolorosas una y otra vez sin ponerle fin con el perdón. Cuando operamos fuera del amor, el enemigo usará la decepción como arma contra nosotros.

En el jardín del Edén, el diablo utilizó la decepción para engañar a Eva. "sino que sabe Dios que el día que comáis de él, serán abiertos vuestros ojos, y seréis como Dios, sabiendo el bien y el mal". *Génesis 3: 5*

Esto fue simplemente una mentira del infierno. Todo lo que el enemigo quería hacer era hacer que Eva pensara que Dios les mintió acerca de ser como Él. Adán y Eva no necesitaban conocer el mal porque eso no es parte de la naturaleza de Dios. Dios nunca les habló de eso porque no era necesario. Sabía que el mal corrompería el Sistema Operativo del Cielo en ellos. Probablemente estés preguntando por qué Dios puso el árbol allí. Fue simplemente para ver si el hombre lo ponía de primero al permanecer obediente. La rebelión siempre comienza con la desobediencia.

Vivir fuera del Sistema Operativo del Cielo conduce a la rebelión. La rebelión conduce a la ira y el odio. Recuerda que no puedes decir que caminas enamorado cuando odias a alguien al mismo tiempo. Cuando mezclas amor y odio, te dan celos.

Como has escuchado de la palabra de Dios y de Jesús, debemos vivir dentro del Sistema Operativo del Cielo. Pero la pregunta sigue siendo: ¿qué sucede cuando no amas a Dios y a tu prójimo?

Para responder a esto, discutiremos varias historias increíbles en la Biblia. Cada una trata de diferentes emociones negativas que funcionan fuera del Sistema Operativo del Cielo y provocan serias consecuencias y castigos por parte de Dios.

Ira

Tanto los creyentes de Cristo como los no creyentes comparten una pregunta común: "Si Dios nos ama, ¿por qué hay sufrimiento?" Sin embargo, al hacer esta pregunta, la gente no comprende el propósito de Dios de permitir que los humanos vaguen por la Tierra.

Al principio, Dios creó el lugar perfecto, el Jardín del Edén. Originalmente, esto era para Adán y Eva y su linaje para vivir juntos con Dios. Desafortunadamente, fue corrompido por los pecados de los seres humanos, y fuimos desterrados del Jardín del Edén. Debido a ese pecado original, obtuvimos una comprensión del bien y del mal. Con ese entendimiento también vino el sufrimiento, el trabajo incansable durante toda la vida y la muerte.

Aunque nosotros, como seres humanos, no somos seres perfectos, Dios todavía nos ama y cumple sus promesas originales de permitir que el hombre more en la Tierra. Pero el sufrimiento que experimentamos no es causado por Dios. En cambio, proviene de los pecados de aquellos que trabajan fuera del Sistema Operativo del Cielo.

" Cuando alguno es tentado, no diga que es tentado de parte de Dios; porque Dios no puede ser tentado por el mal, ni él tienta a nadie; sino que cada uno es tentado, cuando de su propia concupiscencia es atraído y seducido. Entonces la concupiscencia, después que ha concebido, da a luz el pecado; y el pecado, siendo consumado, da a luz la muerte. Amados hermanos míos, no erréis. Toda buena dádiva y todo don perfecto desciende de lo alto, del Padre de las luces, en el cual no hay mudanza, ni sombra de variación". **Santiago 1: 13-17**

La Biblia incluye muchos ejemplos de personas que trabajan dentro y fuera del Sistema Operativo del Cielo. El primer ejemplo comienza con Génesis 4.

Después de que Adán y Eva comieron la fruta prohibida, Dios los forzó a salir del Jardín del Edén. "Con el sudor de tu rostro comerás el pan hasta que vuelvas a la tierra, porque de ella fuiste tomado; pues polvo eres, y al polvo volverás". **Génesis 3:19**

Después de esto, Adán y Eva dieron a luz a sus dos primeros hijos. Caín, el primogénito, siguió la profesión de su padre y se hizo agricultor. Abel, el hermano menor de Caín, se convirtió en pastor.

Una noche, Caín y Abel le hicieron sacrificios a Dios. Caín le trajo a Dios una porción de la fruta que él cultivó. Abel también trajo una ofrenda que incluía a su mejor oveja recién nacida, una de las más sanas.

La ofrenda de Abel fue amorosa y mostró respeto por Dios, por lo que Dios la favoreció. Por otro lado, Dios ignoró por completo la ofrenda de Caín. ¿Por qué Dios aceptó uno y rechazó el otro? Simple, Abel trajo las primicias y Caín trajo las sobras.

Cuando Caín se dio cuenta de que Dios no aceptaba su ofrenda, se puso visiblemente molesto. Fue entonces cuando el Señor le preguntó a Caín, "¿Por qué estás enojado? ¿Por qué te ves tan infeliz? Si haces el bien, te aceptaré. Pero si no haces el bien, el pecado está listo para atacarte. El pecado está listo para atacarte. Pero debes dominarlo". **Génesis 4:16**

Este pasaje es increíblemente importante para comprender las consecuencias de hacer el bien o el mal. A veces, sentirás que Dios favorece a alguien que no seas tú. Lo que debes saber sobre el Sistema Operativo del Cielo es que siempre tienes libre albedrío y puedes elegir cómo respondes a los eventos en tu vida. En lugar de preguntarle a Dios qué hizo mal, Caín dejó que su ira se convirtiera en odio.

O haces el bien, mantienes la cabeza en alto y ganas el favor de Dios, o haces el mal. Y si decides hacer el mal, entonces estás permitiendo que el pecado y el deseo te dominen en lugar de dejar que el amor haga el trabajo. Por lo tanto, debes hacer lo correcto en todo momento o sufrir las consecuencias de pecar.

Pero Caín ignoró la advertencia de Dios. En cambio, trajo a Abel al mismo campo del que había tomado la ofrenda para Dios y mató a su hermano allí.

Después, el Señor le preguntó a Caín dónde estaba su hermano. Pero en lugar de confesar su pecado, Caín le mintió a Dios. Fue entonces cuando el Señor dijo: ¿Qué has hecho? La voz de la sangre de tu hermano clama a mí desde la tierra. Ahora, pues, maldito seas tú de la tierra, que abrió

su boca para recibir de tu mano la sangre de tu hermano".
Génesis 4: 10-12

Como puedes ver, no fue Dios quien dirigió a Caín al
pecado. Tampoco era el plan de Dios que Abel sufriera por
las manos de su hermano. En cambio, Caín permitió que el
deseo, la ira y los celos se interpusieran en el camino de
amar a Dios. El malentendido de un acto de Dios no le da el
derecho de malinterpretarlo. El amor es lo suficientemente
paciente como para esperar el momento de la claridad por
venir.

La Biblia nos dice que nos deshagamos de toda ira; no dice
pretender que no estás enojado. El enemigo toma el control
sobre nosotros cuando permanecemos enojados. Es por eso
que es peligroso ignorar los problemas y permanecer
enojado. La ira es peligrosa porque proviene de un lugar de
justicia. Es por eso que es tan difícil dejarla ir. Es difícil
deshacerse de la ira cuando sentimos que las circunstancias
lo justifican. El amor es tan importante porque te corrige
diciéndote cómo enfrentar la ira. Deshágans e de toda
amargura, rabia e ira, gritería y calumnia, junto con toda
forma de malicia. Sean amables y tiernos con los demás,
perdonándose unos a otros como en Cristo Dios los
perdonó.

La ira aumenta con un patrón de pensamientos en tu mente.
Si dejamos que este patrón se desate, crecerá fuerte. Es por
eso que la Biblia te dice que rompas este patrón meditando
en el perdón de Dios hacia tus ofensas. Cuando
comprendemos cuánta misericordia tiene el Señor, nos
volvemos más humildes y comprensivos con los demás. Lo
has escuchado antes: la venganza le pertenece a Dios. ¿Lo
ves? *Cuando estamos enojados, no comprendemos* que

queremos tocar algo que pertenece a Dios. Pero como estamos ciegos en este momento, no nos damos cuenta de que, si tomamos las cosas en nuestras manos, en realidad estamos robando a Dios. " Mía es la venganza, yo pagaré", dice el Señor.
Romanos 12:19

A pesar de asesinar a su hermano, Caín aún podía casarse, formar una gran familia y construir una nueva comunidad. Pero, en cambio, fue desterrado de la tierra de sus padres y hermanos, obligado a alejarse de Dios, y, finalmente, todo su linaje murió en la gran inundación.

Sin embargo, otras partes de esta historia son más importantes que las consecuencias de las acciones de Caín. Todos los días, las cosas que te enojan, te molestan o simplemente te muestran tu lado malo pasarán. Es inevitable.

Por lo tanto, la forma en que respondes a las cosas que están fuera de tu control es lo que realmente importa. Puedes responder a las cosas que ocurren con amor y positividad, o puedes dejar que tus emociones negativas te lleven a pecar.

Aquí hay otro ejemplo de cómo Dios nos da opciones en la vida y cómo trabajar en contra del Sistema Operativo del Cielo puede arruinar tus posibilidades de estar cerca de Dios y entrar al Cielo.

Envidia

Acab era un rey de Israel que se dice que hizo "más mal a los ojos del Señor que ninguno de los que lo precedieron".

1 Reyes 16:30. La distancia de Dios comenzó cuando Acab se casó Jezabel. Esta era una mujer pagana que odiaba al pueblo de Dios y popularizó la adoración de dioses falsos en Israel.

Dios le advirtió muchas veces al Rey Acab que comenzara a hacer lo correcto o que enfrentaría un juicio. Sin embargo, en dos situaciones críticas, Acab tomó malas decisiones. Estas malas decisiones llevaron a la muerte de los hombres de Acab y, finalmente, la desaparición de toda su familia.

La siguiente es la historia de la segunda vez que el profeta Elias le dijo a Acab que Dios le quitaría la vida, así como los eventos que ocurrieron en el Viñedo de Nabot.

El palacio del rey Acab estaba cerca de un viñedo propiedad de un hombre llamado Nabot. Un día, Acab le dijo a Nabot: "Dame tu viña que está cerca de mi palacio". Quiero convertirla en un huerto. Te daré una mejor viña en su lugar, o si prefieres, te pagaré en plata por ella".

Pero Nabot se negó y dijo: "Dios me prohíbe darte la herencia de mis padres". Completamente molesto, Acab regresó a su palacio. Se negó a comer y no se levantó de la cama.

Finalmente, Jezabel se acercó a Acab y le preguntó: "¿Por qué estás triste y te niegas a comer?". Acab le contó sobre la conversación con Nabot y sobre cómo se negó a vender su viña.

En respuesta, Jezabel dijo: "Levántate, come pan y sé feliz". Te daré los Viñedos de Nabot. "Acab estuvo de acuerdo, pero no cuestionó cómo iba a tomar los Viñedos de Nabot. Este fue un gran error que le costaría la vida a la familia de Acab.

Jezabel no habló con Nabot para obligarlo a vender su viña. En cambio, planeó la muerte de Nabot. Ella escribió a los nobles y ancianos de la comunidad, solicitando que dieran falso testimonio contra Nabot en la ciudad. Y eso es exactamente lo que hizo la gente. Luego, la comunidad apedreó y mató a Nabot por equivocación.

Cuando llegó la noticia a Jezabel de que Nabot había muerto, le dijo a su esposo que reclamara la propiedad como suya.

Pero Dios, entendiendo lo que estaba ocurriendo, envió al profeta Elias para que le diera a Acab este mensaje: "Mataste a Nabot y ahora te estás apoderando de sus tierras. Entonces, yo, el Señor, les digo esto: así como los perros lamieron la sangre de Nabot, también lamerán tu sangre".

Además, el Señor le dijo a Elias: "Haré que algo malo te ocurra". Te mataré a ti y a todos los hombres de tu familia, del mismo modo que destruí las familias del rey Jeroboam y el rey Baasa". Pero ese no fue el único mensaje que tuvo sobre lo que le sucedería a la familia de Acab.

A la esposa de Acab, Jezabel, el Señor le envió un mensaje que decía: "Los perros se comerán el cuerpo de Jezabel junto al muro de la ciudad de Jezreel". En cuanto a la familia de Acab, aquel que muera en la ciudad será comido por perros, y el que muera en los campos será devorado por pájaros. "Y así como dijo el Señor, todas esas cosas sucedieron.

--

Estas historias son solo dos ejemplos de los muchos que puedes encontrar en la Biblia que explican lo que sucede cuando no vives dentro del Sistema Operativo del Cielo. Por supuesto, el segundo ejemplo es un castigo increíble para un esposo y esposa que fueron particularmente malvados.

¿Significa eso que Dios te castigará a ti y a tus futuras generaciones por tu ira, avaricia, lujuria u otras emociones negativas? No, claro que no. Los seres humanos son seres emocionales y experimentan emociones positivas y negativas. Lo importante es cómo trabajas con tus emociones.

La envidia te roba la claridad mental. Quita la tranquilidad. La envidia es la perversión de la verdad, por lo que afecta tu juicio. ¡Recuerda a Lucifer! En otras palabras, tener envidia es guardar rencor a alguien debido a su éxito en la vida. En el Sistema Operativo del Cielo, nos regocijamos cuando nuestros vecinos son bendecidos.

Cuando nos fijamos en las redes sociales de hoy, nos damos cuenta rápidamente de que es un gran grupo de envidia. Todos están tratando de ser otra persona. Recuerda: eres único y especial, sé tú mismo y no envidies a otra persona. Por lo que sabes, esa persona que envidias está llena de luchas y problemas que tú no tienes.

La envidia es cómo el diablo te distrae de proteger tu viña. No caigas en su trampa. Concéntrate con lo que el Señor te ha dado. Y si quieres más, estoy seguro de que a Dios no le importará darte más. Pero recuerda, cuanto mayor es la bendición, mayor es la responsabilidad.

Puedes lidiar con las emociones y los sentimientos negativos de una manera saludable justo como Jesús reaccionó ante los malhechores. Claro, se enojó con otros que no seguían las instrucciones de Dios, pero sus fuertes reacciones siempre fueron por amor a la humanidad. Cuando experimentas emociones negativas, también debes seguir a Cristo manteniendo tu amor por Dios y los demás seres humanos.

De lo contrario, como Caín y el rey Acab, encontrarás el pecado a tu alrededor, listo para atacar.

Porque Dios dice: "Pero los cobardes e incrédulos, los abominables y homicidas, los fornicarios y hechiceros, los idólatras y todos los mentirosos tendrán su parte en el lago que arde con fuego y azufre, que es la muerte segunda". **Apocalipsis 21: 8**

III. El Amor Dentro del Sistema Operativo del Cielo

"Si yo hablase lenguas humanas y angélicas, y no tengo amor, vengo a ser como metal que resuena, o címbalo que retiñe. Y si tuviese profecía, y entendiese todos los misterios y toda ciencia, y si tuviese toda la fe, de tal manera que trasladase los montes, y no tengo amor, nada soy. Y si repartiese todos mis bienes para dar de comer a los pobres, y si entregase mi cuerpo para ser quemado, y no tengo amor, de nada me sirve". **1 Corintios 13: 1-3**

--

Quiero comenzar este capítulo con una poderosa revelación. ¡¿Listo?! Si la Biblia dice que Dios es amor, ¿a qué crees que se está refiriendo el apóstol Pablo en el pasaje anterior? Estos versículos significan que puedes ser dotado con dones celestiales y aún operar en ellos sin Dios. Puedes ser rico, incluso dar a los pobres y hacerlo sin Dios. No todos los que les dan a los pobres lo hacen por amor. Algunos lo hacen por publicidad. Pero debemos dejar que Dios sea el juez, no nosotros. El hecho es que no ganamos nada sin Dios y sin Dios no somos nada.

Cuando piensas en el amor, probablemente te imagines mentalmente una de varias situaciones. Quizá pienses en el amor de tu familia o hijos. Tal vez pienses en la sensación que sentiste cuando conociste a tu pareja. Evocar el amor trae una gama de emociones, pensamientos y sentimientos. Esto se debe a que hay muchos tipos de amor diferentes que un ser humano puede experimentar.

¿Cuáles son estos tipos de amor y qué se dice acerca de cada tipo en la Biblia? Hay algunas menciones de diferentes tipos de amor dentro del Antiguo Testamento y el Nuevo Testamento. Algunos se mencionan directamente por su nombre, mientras que otros tipos de amor se explican en historias sobre Dios y Jesús.

Para responder a estas preguntas y otras más, vamos a explorar los diferentes tipos de amor discutidos en la Biblia para definir cómo debemos amar a nuestro Creador y a nuestros semejantes. Nuestra discusión te hará cuestionar lo que crees sobre el amor propio y el amor de la familia, amigos y extraños.

Los Diferentes Tipos de Amor en la Biblia

El Nuevo Testamento de la Biblia fue escrito originalmente en griego. En ese momento, la mayoría de los eruditos entendían el griego, a diferencia del hebreo o el arameo, que no eran tan populares en esa época.

Los autores del Nuevo Testamento escribieron en el idioma griego de un plebeyo en lugar de usar un lenguaje complicado preferido por los eruditos en ese momento. Aunque los académicos desafiaron el uso de un lenguaje tan simple, es esta versión simple del griego que continúa hoy, y hay cuatro palabras en la Biblia que describen los diferentes tipos de amor.

En español, podríamos simplemente decir "amor" para referirnos a muchos sentimientos y experiencias diferentes. Esta palabra describe muchas situaciones diferentes porque la palabra es flexible y se puede usar para describir el amor apasionado, el amor placentero y todo lo demás.

El griego, por otro lado, tiene sus propios nombres para cada tipo de amor. Estos cuatro tipos de amor, incluidos storgé, philia, eros y ágape, se mencionan directamente en la Biblia o se explican a través de historias y acciones.

Cada sección de la Biblia nos llama a usar las diferentes formas de amor en nuestra vida cotidiana, y estas formas nos permiten trabajar dentro del Sistema Operativo del Cielo.

Pronto, descubrirás que hay un lugar y un momento correcto para cada tipo de amor. Pero primero, veamos qué hace que cada tipo de amor sea único.

Storgé

Uno de los primeros tipos de amor que hemos experimentado es storge o amor familiar. Es el sentimiento natural que proviene del vínculo entre madre e hijo. También es probable que experimentes esto con personas que consideras familiares porque crecieron compartiendo circunstancias o experiencias similares.

Si eres padre, entiendes este amor profundo e instintivo que tienes por tu hijo. Es cariñoso y tierno. Del mismo modo, las personas sienten gran amor por los demás a causa de las experiencias compartidas, lo que les proporciona familiaridad.

Ahora, la Biblia no usa el término storge en este sentido exacto. En cambio, la versión griega de Romanos 12:10 combina storge y philia, otra forma de amor del que pronto aprenderás, lo define la palabra philostorgos o amor fraternal. No solo estamos llamados a amar a nuestra familia, sino que también debemos honrar a quienes nos criaron.

Los humanos, y especialmente nosotros, como cristianos, necesitamos "Amaos los unos a los otros con amor fraternal; en cuanto a honra, prefiriéndoos los unos a los otros". **Romanos 12:10**

Hay muchos más ejemplos de amor storgé en la Biblia, incluyendo el amor que compartieron Jesús y Lázaro, el amor que María y Marta tuvieron la una por la otra, y cómo se sintió Jacob con respecto a sus hijos.

Todos estos son casos que debemos estudiar mientras aprendemos cómo debemos cuidar externa e internamente a nuestras familias y a quienes están más cerca de nosotros. En cuatro de los próximos capítulos, descubriremos este tipo de amor y aprenderemos cómo funciona dentro del Sistema Operativo del Cielo.

Philia

Considerando que storgé es amor familiar, philia se refiere a mostrar amistad y amor fraternal hacia los demás. Es como "storgé" porque se trata de amar, cuidar y respetar a las personas que comparten rasgos comunes contigo. Sin embargo, es diferente porque puedes sentir amor philia por una persona que no es miembro de tu familia.

Sin embargo, eso no significa que estés llamado a amarlos con menos calidez y afecto. Philia se trata de tener relaciones significativas con personas que tienen tu afecto.

Esto puede incluir un mejor amigo, otros compañeros cristianos, aquellos con quienes compartes ciertos pasatiempos o actividades, o personas en quienes confías y mantienes sus pensamientos y sentimientos de confianza contigo. Es amor que se forma al compartir experiencias de vida continuas con una persona o grupo de personas.

Los cristianos son especialmente llamados a demostrarse mutuamente el amor y el afecto fraternal. Después de todo, todos somos uno en la misma familia a través de Jesucristo.

Al mostrar este amor a nuestra familia extensa, también atraemos a más personas a nuestra pasión por Cristo a través del amor.

Es por eso que aprenderás todo sobre el amor philia por amigos y vecinos en el Capítulo 8.

Eros

El tercer tipo de amor es probablemente uno que la mayoría de la gente espera al hablar sobre el amor en su forma tradicional. Eros se refiere al amor íntimo o romántico.

Con eso en mente, es importante entender que este tipo de amor no debe confundirse con formas inapropiadas o insalubres de amor erótico. En cambio, eros se refiere al amor entre marido y mujer.

Eros es la expresión saludable del amor físico y romántico. El Canto de Salomón en la Biblia expresa este tipo de amor en una forma poética única, sin embargo, casi aprendemos más acerca de eros al leer lo que las Escrituras nos dicen qué no hacer.

Uno de esos pasajes se encuentra en **Colosenses 3: 5** y dice:

"Haced morir, pues, lo terrenal en vosotros: fornicación, impureza, pasiones desordenadas, malos deseos y avaricia, que es idolatría". Estas son las cualidades negativas que desvían el amor y están fuera de su forma pura.

En lugar de solo mirar historias sobre lo que no debemos hacer, nos dedicaremos a aprender a expresar el eros, creado por Dios para los humanos, como fue Su intención. Descubrirás esto en el capítulo sobre el uso del Sistema Operativo del Cielo para crear una mejor relación con tu cónyuge y aumentar el amor que comparten.

Ágape

El tipo final de amor compartido con nosotros en la Biblia es ágape.

Si hubiera una jerarquía, el amor ágape estaría en la cima.

Ágape se explora en el último capítulo del libro. Es el amor desinteresado y sacrificado que Dios ha mostrado al hombre desde el comienzo de la creación.

Como modelo para el amor ágape, la humanidad fue salva a través de las acciones de Jesucristo. Cada interacción que Cristo operó en la forma más elevada de amor posible. También es la forma en que Dios actúa y es interminable e inconmensurable. Entonces, ¿cómo es exactamente diferente el ágape de otras formas de amor, y cómo los humanos somos capaces de aprovechar este conjunto ilimitado del amor de Dios?

En la Biblia, el amor de Dios y Jesús no solo existe como un sentimiento. En cambio, ágape implica operar ese amor y compartirlo con el mundo. Se les da a todas las personas, independientemente de si los humanos sienten que otros lo merecen. El amor de Dios es el mejor regalo en la vida y la solución a todos los problemas que enfrenta la Tierra.

El mejor ejemplo del amor ágape de Dios por sus hijos es simplemente el hecho de que nuestro salvador, Jesucristo, fue enviado a la Tierra para concedernos la salvación eterna. Su vida y su muerte son un testimonio del amor ágape y una guía sobre cómo actuar con los demás.

Por lo tanto, en el capítulo final, discutiremos cómo puede cumplir su propósito en la vida utilizando el don de amor ágape de Dios y aprender a actuar dentro del

Sistema Operativo del Cielo para el beneficio de todos los seres vivos en la Tierra. Esta sección es de vital importancia y analiza cómo el amor no es solo acciones, palabras o sentimientos, sino la esencia de Dios mismo, que es amor.

--

¿Por qué aprender qué es el amor y sobre los diferentes tipos de amor? Porque el amor es la esencia de Dios, y se nos instruye para dar amor a los demás durante nuestro tiempo en la Tierra.

Hay otras formas de amor, como el amor práctico, el pragma o el amor propio, la filantropía. Pero storge, philia, eros y ágape son los cuatro que armonizan con el Sistema Operativo del Cielo y deben guiar nuestras acciones.

Deberíamos Actuar desde uno de estos cuatro tipos de amor en cada momento de la vida. Claro, todos tenemos momentos de dificultad, y solo nuestro Señor es perfecto, pero eso no es excusa para no hacer todo lo posible por vivir dentro y compartir el amor de Dios. Necesitamos creer en él de todo corazón y compartirlo externamente con todos los que entran en nuestras vidas.

Dedica estos tipos de amor a la memoria y úsalos como prueba para determinar si estás permitiendo que el amor trabaje para ti siempre. Esfuérzate por ser como Jesús, quien actúa completamente en amor e impacta las vidas de sus hermanos y hermanas.

IV. La Base del Sistema Operativo de Dios - la Regla de Oro

"Entonces el escriba le dijo: Bien, Maestro, verdad has dicho, que uno es Dios, y no hay otro fuera de él; y el amarle con todo el corazón, con todo el entendimiento, con toda el alma, y con todas las fuerzas, y amar al prójimo como a uno mismo, es más que todos los holocaustos y sacrificios. Jesús entonces, viendo que había respondido sabiamente, le dijo: No estás lejos del reino de Dios. Y ya ninguno osaba preguntarle". **Marcos 12: 32-34**

--

La discusión hasta este momento en *Amor: Sistema Operativo del Cielo* ha incluido lo que sucede cuando no amas y eliges ser arrastrado por el pecado.

También has aprendido los diferentes tipos de amor. Pero, ¿por qué estamos llamados a amar en primer lugar? ¿Y por qué es tan importante devolver el regalo del amor a los demás que hemos recibido de nuestro Salvador?

Así como todos los sistemas operativos tienen un propósito, nosotros también desempeñamos un papel en cómo funciona todo en la tierra.

Todo se remonta al comienzo de la humanidad y las promesas que Dios mantiene hacia sus creaciones. Verás, como Dios quiere ayudarnos a vivir entre nosotros y proporcionar bienes a quienes lo hacen por él. Todo lo que Él pide a cambio es que sigamos Sus mandamientos.

Puedes ver cada instrucción en un nivel individual o puedes abrir los ojos para ver la imagen completa. Cuando ves el todo en lugar de las piezas individuales de las leyes que Dios establece, entonces te das cuenta de que la intención de Dios es que ames lo que Él ama. Al hacerlo, llegas a entender a Dios. Amar a Dios y seguir sus instrucciones te acerca a Su Reino.

El hombre que le habló a Jesús en Jerusalén en **Marcos 12: 32-34** entendió que este amor por su Dios y por los demás es igualmente importante para la forma en te amas a ti mismo. No solo eso, sino amar a los demás es el acto más importante que puedes hacer. La regla de oro es simple. Simplemente ama a tu Dios y a tu prójimo como a ti mismo.

Ahora, la Biblia nos dice que la forma en que amamos y actuamos con los demás regresará a nosotros a través de Dios. Por lo tanto, hay una recompensa por aprender a amar y descubrir cómo tratar a los demás como nos gustaría a nosotros mismos. Con eso en mente, esto probablemente no funciona de la manera exacta que podría esperar. Tomemos el principio espiritual budista conocido como Karma como un ejemplo.

Karma significa esencialmente que una acción, obra o acción tomada hoy influirá en las cosas en su futuro. La gente piensa en el karma como algo que sucede inmediatamente o en el futuro inmediato.

Seguramente, has escuchado a alguien decir: "Tengo un buen karma almacenado por mis acciones positivas. Espero que me llegue pronto".

Sin embargo, Dios nos dice que obtener una recompensa por nuestra acción positiva no es la razón por la cual hacemos la acción. Además, existe la posibilidad de que las acciones positivas en esta vida no se paguen en la misma forma. Los buenos actos nunca deben ser solo para nuestro beneficio. Tenemos que actuar bien hacia los demás. Demostrar que las personas no aman para ser bendecidas por ello, sino porque es lo correcto hacerlo.

Solo piensa cuánto Dios ha hecho por nosotros sin pedir mucho a cambio. Actuando por amor y no esperando recompensa, permitimos que Dios nos dé exactamente lo que necesitamos cuando lo necesitamos. Dios ve nuestra vida desde una línea de tiempo diferente a la que vemos nosotros mismos. Él es capaz de ofrecer lo que es correcto para nosotros en el momento de su elección, no la nuestra.

Considera rápidamente si alguna vez has hecho algo por alguien por bondad. Luego, un día, un mes o un año después, tal vez lo hayas llamado porque necesitabas ayuda. Cuando esto sucedió, ¿la persona a quien le hiciste un favor vino en tu ayuda?

Claro, a veces esa persona también opera por amor y te ayuda también. Pero otras veces esa persona no puede ayudar.

Cuando hacemos las cosas por los demás porque queremos obtener algo bueno a cambio, establecemos expectativas. Sin embargo, esperar que te pasen cosas buenas simplemente porque haces el bien a los demás no es cómo funcionan las cosas en el mundo o para Dios.

En cambio, nosotros como cristianos deberíamos darnos cuenta y asumir esta realidad de la vida. No debemos guardar rencor contra Dios cuando pedimos algo y no sucede en nuestra línea de tiempo. Además, también deberíamos continuar amando y cuidando al vecino que no estuvo allí para nosotros sin molestarnos por no devolver el favor.

¿Quieres saber por qué es eso? Porque nosotros, como humanos, no vemos experiencias con la visión de Dios. Él es el que dirige el sistema operativo en el que vivimos. Simplemente estamos llamados a seguir Sus reglas. Cuando confiamos y amamos al Señor, Él usa cada experiencia para convertirnos en mejores seres humanos que están más cerca de él.

Él puede hacernos esperar que las cosas desarrollen nuestro carácter u otros rasgos virtuosos como la paciencia. A través de dificultades y pruebas, aprendemos más sobre nosotros y el plan de Dios para nuestras vidas.

Cada buena acción hecha por amor y cada acto errado hecho contra ti será pagado de la misma manera. Pero cómo seremos juzgados en el más allá se reduce a cómo amamos, cuidamos y tratamos a los demás.

" Y para que la grandeza de las revelaciones no me exaltase desmedidamente, me fue dado un aguijón en mi carne, un mensajero de Satanás que me abofetee, para que no me enaltezca sobremanera; respecto a lo cual tres veces he rogado al Señor, que lo quite de mí. Y me ha dicho: Bástate mi gracia; porque mi poder se perfecciona en la debilidad. Por tanto, de buena gana me gloriaré más bien en mis debilidades, para que repose sobre mí el poder de Cristo". **2 Corintios 12: 7-9**

V. Amar a Los Demás Cuando No Es Correspondido

"Porque si amáis a los que os aman, ¿qué mérito tenéis? Porque también los pecadores aman a los que los aman. Y si hacéis bien a los que os hacen bien, ¿qué mérito tenéis? Porque también los pecadores hacen lo mismo. Y si prestáis a aquellos de quienes esperáis recibir, ¿qué mérito tenéis? Porque también los pecadores prestan a los pecadores, para recibir otro tanto. Amad, pues, a vuestros enemigos, y haced bien, y prestad, no esperando de ello nada; y será vuestro galardón grande, y seréis hijos del Altísimo; porque él es benigno para con los ingratos y malos. Sed, pues, misericordiosos, como también vuestro Padre es misericordioso".
Lucas 6: 32-36

--

Todos tenemos un conjunto de respuestas naturales cuando experimentan diferentes situaciones y emociones en la vida. Como los humanos son criaturas de hábito, probablemente se habrá dado cuenta de que muchas veces actuamos de acuerdo a nuestras propias reglas personales.

Por ejemplo, digamos que estás cenando en un restaurante y el mesero le trae el artículo incorrecto. ¿Cuál es tu reacción? ¿Te molestas y eres abrupto? O tal vez tranquilamente le cuentas a un miembro del personal lo que está mal y esperas pacientemente la orden correcta. Incluso puedes recibir la orden y disfrutarla.

Hay muchos comportamientos diferentes en los que las personas actúan cuando se encuentran en situaciones fáciles y difíciles. ¿Cómo respondes? ¿Puedes ver patrones de reacción que son tu comportamiento 'predeterminado'? Al igual que un dispositivo eléctrico tiene una configuración de fábrica predeterminada, nosotros los humanos, también.

Desplegamos ciertas reacciones a las situaciones porque estamos acostumbrados a actuar de esa manera. Es mucho más fácil para tu cerebro usar las mismas vías neurologicas que hemos desarrollado a través del uso constante. Este hecho hace que sea difícil trabajar fuera de las respuestas naturales que hemos reforzado una y otra vez.

El problema no proviene de los momentos en que respondemos por emociones positivas. Hay un problema mayor de depender de la configuración predeterminada al tratar con sentimientos negativos, especialmente cuando las cosas no salen como queremos.

Cuando tenemos disputas con nuestro jefe o cuando tratamos con ese miembro de la familia que sabe cómo molestarnos, actuamos rápidamente fuera del Sistema Operativo del Cielo. Además, al no responder a cada situación de la manera correcta, perdemos la oportunidad de mostrar amor al Señor, a nuestros vecinos e incluso a nosotros mismos.

No es fácil actuar fuera de nuestro comportamiento normal. Para ser justos, hemos reforzado los hábitos poco saludables que nos alejan de Dios, así como tenemos hábitos saludables. Sin embargo, no nos vemos con ojo crítico a pesar de que podemos juzgar fácilmente a los demás por sus defectos. Nuestros propios patrones y cómo amamos deberían ponerse en tela de juicio.

La mayoría de nosotros diría que amamos a los demás correctamente. Pero no vemos que no nos amamos con el amor ágape del Señor. En cambio, amamos a aquellos que hacen cosas por nosotros.

Una vez que fallan en cumplir su propósito, o si se equivocan, actuamos rápidamente dentro de nuestra configuración predeterminada en lugar de dentro del Sistema Operativo del Cielo.

Como respuesta a los eventos que vemos que son negativos, tratamos a los demás de manera diferente y no los amamos sin condición o reserva. Pero la verdadera prueba de si estamos trabajando con el Sistema Operativo del Cielo no es cómo amamos a las personas que actúan en nuestro nombre. Sino la forma en que realmente nos sentimos con respecto a los demás, la cual está determinada por la forma en que amamos y cuidamos a quienes no nos quieren.

"Pero a vosotros los que oís, os digo: Amad a vuestros enemigos, haced bien a los que os aborrecen; bendecid a los que os maldicen, y orad por los que os calumnian". **Lucas 6: 27-28**

El amor de Dios no es ciego. Lo ve todo, y es muy consciente de la realidad en la que vivimos. Por lo tanto, es muy importante que comprendas que su amor tiene la sabiduría necesaria para que funcione correctamente. Notas, cuando la Biblia dice que el amor lo conquista todo, eso significa que el amor te hace vencer, no lo haces tú. Entonces, cuando operas con amor y te golpean con una acción negativa, ese mismo amor te repara.

La gente se fatiga y siente dolor emocional cuando son ellos quienes hacen todo el trabajo en lugar de dejar que el amor lo haga. Para operar en el amor de Dios, todo lo que se necesita es obediencia, no sacrificio. Debemos dejar que el amor sufra para que no suframos. La Biblia dice que el amor sufre todo, no tú. Esta es la razón por la cual la gente se cansa de amar. Están haciendo el trabajo que se supone que el amor debe hacer por ellos. Están tomando todos los éxitos, cuando el amor es capaz de manejar estos éxitos. Nuestra capacidad de amar y permanecer fuertes surge cuando operamos dentro del Sistema Operativo del Cielo.

Responder con amor y orar por las personas que quieren que sucedan cosas malas, podría no funcionar dentro de su configuración predeterminada actual. Pero el objetivo es anular las viejas acciones y operar por amor. Para hacerlo, debes eliminar los viejos hábitos e instalar el Sistema Operativo del Cielo en tu alma.

Dios nos instruye a mostrar bondad y amor a aquellos que al principio pueden parecer incorrectos. Dios a través de Jesús hizo esto por ti para que puedas hacer lo mismo por otros en el nombre de Dios ¿Cómo puedes hacer esto? Analicemos cómo amar a cada persona con la que te encuentres, sea familiar, amigo o enemigo.

VI. Amar a Tu Madre y a Tu Padre

"Hijos, obedeced en el Señor a vuestros padres, porque esto
es justo. Honra a tu padre y a tu madre, que es el primer
mandamiento con promesa; para que te vaya bien, y seas de
larga vida sobre la tierra". **Efesios 6: 1-3**

--

El amor tiene diferentes expresiones, y el honor es uno de
ellos. Cuando honramos a alguien, el cielo lo reconoce
como amor. El amor y el honor trabajan juntos. No
podemos decir que amamos a alguien y no les mostramos
honor. El honor es personal y público. Honra en oculto es
deshonora. No podemos avergonzarnos de amar y mostrar
honor a alguien en público. Jesús amaba al mundo entero,
incluidos los pecadores, y lo hizo público.

Nuestros padres tienen una gran autoridad. Ellos pueden
bendecirnos o maldecirnos. Es tan pesado, que nuestra
esperanza de vida depende de cómo honramos a nuestros
padres. Así, que debemos tomar eso muy en serio y
honrarlos tanto como podamos. La Biblia nos dice que
honremos a nuestro padre y a nuestra madre; no dice
cambiarlos. Ese es nuestro mayor problema: siempre
estamos tratando de cambiar a nuestros padres y
terminamos faltándoles el respeto. Es una trampa del
enemigo para mantenernos alejados de su bendición.

No hay forma evitar este honor, incluso si tus padres
murieron o si creciste sin ellos. Dios siempre traerá

personas a nuestras vidas para desempeñar ese papel, y así es como tienes la oportunidad de seguir este principio divino. En el antiguo testamento, la bendición de un padre era clave para el éxito. Entonces debemos asegurarnos de seguir este importante principio.

Muchas personas pueden preguntarse por qué ciertas áreas de sus vidas no son satisfactorias. Deberían preguntarse a sí mismos: ¿están honrando a sus padres? Una cosa que amo de las leyes de Dios es cómo nos benefician. El Señor dijo que honrar a nuestros padres nos hace aprender a respetar la autoridad. Las personas que tienen un problema con la autoridad probablemente tengan problemas para honrar a sus padres o una figura paterna.

Me alegro de haber entendido la importancia del honor mucho antes de que mi padre biológico falleciera. Recuerdo el día en que oró por mí y me bendijo con una poderosa declaración sobre mi vida. ¡Cambio mi vida! El éxito ha estado presente en todo lo que hago. ¡Alabado sea el Señor!

Claro, hay malentendidos entre el hijo y el padre. Sin embargo, esto de ninguna manera sugiere que estés libre de la responsabilidad de amar a tus padres en cualquier momento. Esto es independientemente de si has 'crecido' o no. Esto se debe a que los padres siempre ven a sus hijos e hijas como a sus niños, independientemente de su edad.

Del mismo modo, estamos llamados a honrar y amar a nuestros padres. Algunos padres son amorosos y comprensivos. Otros pueden ser negligentes o desconectados. Sin embargo, a pesar de cómo actúen, estamos llamados a responder de la misma manera.

Si no tienes padres que hayan cumplido con su responsabilidad de enseñarte el camino correcto y criarte de la manera correcta, debes actuar hacia ellos de una manera que esté dentro del Sistema Operativo del Cielo. Esto simplemente significa que no puedes devolver su negligencia con negligencia y en su lugar debes actuar hacia ellos con amor.

Nunca se sabe por qué has tenido ciertas experiencias en la vida, y al creer en el amor de Dios, un día aprenderás el por qué. Por lo tanto, debes obedecer, honrar y amar a tus padres. Además, este amor fundamental por tu padre y madre te ayuda más allá de lo que implica el amor por los padres. Nos permite formar una conexión más fuerte con nuestros hermanos y compañeros.

Si tienes problemas para actuar con amor cuando se trata de tus padres, permítete perdonar. Actúa de la manera que Dios quiere: por amor. Y haz lo correcto para ellos.

Porque esta es la forma fundamental en que debes tratar a otras personas en la vida. Si no puedes respetar y amar a tu padre y a tu madre, es difícil formar una relación profunda con cualquier persona en la Tierra.

Hay muchas formas de mostrar honor a tus padres. Intenta pagar una factura, les encantará. Llévalos a cenar. Escúchalos y muéstrales que te importa y aprecia su sabiduría. Cuando te corrijan, disfrútalo en lugar de tomarlo como algo personal. Diles que los amas, incluso si no te responden igual. Recuerda, deja que el amor haga el trabajo por ti.

VII. Amar a Tus Hermanos y Hermanas

Muchas historias en la Biblia muestran cuán complicadas pueden ser las relaciones entre hermanos. Pero de las muchas historias grandiosas, una sobre el amor fraternal se destaca. Es la historia que involucra a David y Jonathan, que es un gran ejemplo de amor fraternal.

Aunque ellos no son hermanos, no es algo a lo que deban aspirar para mostrar su amor mutuo. Su relación es un gran ejemplo del amor natural que los hermanos tienen el uno por el otro cuando son jóvenes. También muestra cómo debemos tratar a nuestros hermanos y hermanas, que son parte de la familia de Dios.

La historia de David, Jonathan y el Rey Saúl es intensa, seria e increíble a veces. ¿Quién puede olvidar la historia de cómo David, armado con fe en Dios, derrotó al gigante Goliat? Fue el comienzo de la promesa de Dios de hacer a David el Rey de Israel.

Después de la batalla entre David y Goliat, Saúl se llevó a David para que lo sirviera a tiempo completo. Así es como David se hizo muy amigo del hijo de Saúl, Jonathan. Su amor fraternal por los demás fue tan grande que la Biblia enseña que compartieron el mismo espíritu. Ambos tenían pasión por el Señor y ponían las necesidades de los demás antes que las suyas.

Un ejemplo de esto es cómo Jonatán, que aspiraba al trono, le dio su ropa militar, espada, arco y cinturón a David. Esto muestra que Jonathan entendió que David era el elegido por Dios para dirigir a Israel y que él estaba dispuesto a renunciar a su pretensión de convertirse en rey de su amigo. Otro mensaje oculto en las acciones de Jonathan era que, si alguien atacaba a David, no sería Jonathan. David tenía su espada, por lo que Jonathan se hizo vulnerable. ¡Ese es el verdadero amor!

Su estrecha amistad duró a lo largo de sus vidas, incluso con las dificultades familiares que estaban a punto de ocurrir.

Después de la guerra con los filisteos, Saúl, David y los hombres de Saúl regresaron a casa. La gente llenaba las calles para saludar al ejército y cantaba canciones sobre cómo Saúl mató a miles de hombres, mientras que David mató a decenas de miles. Al escuchar esto, Saúl se puso muy celoso de David, tan celoso que Saúl intentó quitarle la vida a David.

A partir de ese momento, Saul estaba operando fuera del Sistema Operativo del Cielo. Estaba trabajando por miedo a David debido a la relación de David con Dios. Con el tiempo, esta ira y celos solo empeoraron.

Cuando Saúl intentó que su hijo Jonatán y sus asistentes mataran a David, Jonatán arruinó los planes del rey. Jonathan fue a ver a David, advirtiéndole sobre lo que iba a suceder. Entonces David se escondió, mientras que Jonatán le pidió a su padre que lo reconsiderara. Pero Saul nunca cambió de parecer acerca de matar a David, incluso cuando parecía que lo había hecho.

Afortunadamente, el plan de Saúl de matar a David fracasó continuamente. Primero, fueron detenidos por la hija de Saúl, Michal. Eventualmente, los planes de Saul fueron detenidos gracias a la intervención directa de Dios. Sin embargo, incluso después de todos los intentos fallidos, Saúl aún buscaba matar a David. Y, por supuesto, Jonathan no iba a permitir que su amigo muriera.

Jonathan, sabiendo que su padre no hablaba de sus planes o sentimientos, se preocupó de que pudiera haber otro intento contra la vida de David. David fue nuevamente llevado a un lugar para esconderse, mientras Jonathan intentaba descifrar el plan de su padre.

En el festival de la Luna Nueva, Saul finalmente preguntó dónde estaba David. Cuando Jonatán inventó una historia sobre el paradero de David, Saúl lo maldijo: "¡Entonces se encendió la ira de Saúl contra Jonatán, y le dijo: Hijo de la perversa y rebelde, ¿acaso no sé yo que tú has elegido al hijo de Isaí para confusión tuya, y para confusión de la vergüenza de tu madre? Porque todo el tiempo que el hijo de Isaí viviere sobre la tierra, ni tú estarás firme, ni tu reino. ¡Envía pues, ahora, y tráemelo, porque ha de morir!! **1 Samuel 20: 30-31**

Cuando Jonatán siguió defendiendo a David, Saúl le arrojó una lanza, misma manera en que intentó matar a David dos veces antes. Después, Jonathan envió un mensaje secreto a David confirmando la ira de Saúl. Se encontraron en secreto, se despidieron y confirmaron sus promesas de amistad antes de que Jonathan regresara a la ciudad y David huyera.

Si tu amigo estuviera en problemas, ¿arriesgarías tu vida por él? Dios nos llama a mostrar amor afectivo a nuestros hermanos y hermanas de la misma manera que Jonatán y David se muestran el amor.

¿Cómo se ve el amor fraternal dentro del Sistema Operativo del Cielo? Implica servir y cuidar a nuestros hermanos y hermanas, así como responderles de una manera paciente y comprensiva. Incluso cuando están molestos con nosotros, debemos responder con gracia y mostrarles el amor que Jonathan y David se expresaron.

" No paguéis a nadie mal por mal; procurad lo bueno delante de todos los hombres. Si es posible, en cuanto dependa de vosotros, estad en paz con todos los hombre". **Romanos 12: 17-18**

VIII. Amar a Tus Amigos y Vecinos

"No hurtaréis, y no engañaréis ni mentiréis el uno al otro.
Y no juraréis falsamente por mi nombre, profanando así el
nombre de tu Dios. Yo Jehová" **Levítico 19: 11-12**

--

En la vida, cada uno de nosotros está rodeado de personas
que son como nosotros y que son diferentes. Así como
tienes tus propios sistemas de creencias e ideales únicos,
también los tienen todos los demás con los que te
encuentres.

Muchos de nosotros podemos relacionarnos y amar a
aquellos que comparten cosas en común con nosotros.
¿Pero cómo tratamos a aquellos que son diferentes a
nosotros? Exploremos qué significa amar a tus amigos y
vecinos, y también por qué Cristo nos obliga a hacerlo.

Un día, un abogado interrogó a Jesús y lo puso a prueba
sobre la mejor manera de recibir la vida eterna. Jesús le
preguntó al hombre: "¿Qué está escrito en la ley? ¿Cómo
puedes explicarlo?

El abogado respondió: "Amarás al Señor tu Dios con todo
tu corazón y con toda tu alma y con todas tus fuerzas, y
con toda tu mente, y a tu prójimo como a ti mismo".

Al escuchar la respuesta correcta, Jesús estuvo de acuerdo
y le dijo al abogado que, si podía hacerlo, recibiría la vida
eterna.

Después de que el abogado escuchó la respuesta de Jesús, preguntó: "¿Y quién es mi prójimo?". La naturaleza humana es doblegar la verdad para que podamos justificar tratar a algunas personas con amor y no a los demás. Al identificar esto, Jesús respondió con la parábola del buen samaritano.

"Respondiendo Jesús, dijo: Un hombre descendía de Jerusalén a Jericó, y cayó en manos de ladrones, los cuales le despojaron; e hiriéndole, se fueron, dejándole medio muerto.

Aconteció que descendió un sacerdote por aquel camino, y viéndole, pasó de largo.

Asimismo, un levita, llegando cerca de aquel lugar, y viéndole, pasó de largo.

Pero un samaritano, que iba de camino, vino cerca de él, y viéndole, fue movido a misericordia; y acercándose, vendó sus heridas, echándoles aceite y vino; y poniéndole en su cabalgadura, lo llevó al mesón, y cuidó de él.

Otro día al partir, sacó dos denarios, y los dio al mesonero, y le dijo: Cuídamele; y todo lo que gastes de más, yo te lo pagaré cuando regrese". **Lucas 10: 30-35**

Es importante entender un aspecto muy crítico de esta historia. En ese momento, judíos y samaritanos se odiaban entre sí. Los samaritanos no respetaron las leyes de Dios e incluso profanaron un templo judío en Samaria.

Aunque los dos hombres en la historia probablemente estaban en desacuerdo, el buen samaritano identificó que el otro hombre estaba necesitado y se preocupaba por él sin pedir nada a cambio.

En cualquier momento de nuestras vidas, podemos ser el hombre derrotado o el buen samaritano. Si estuvieras en los zapatos del buen samaritano, ¿qué tan lejos llegarías para ayudar a tu prójimo?

Como cristianos, debemos mostrar amor, misericordia y compasión a cada individuo que lo necesite. No importa quién creemos que es nuestro "vecino". En cambio, debemos trabajar libremente dentro del Sistema Operativo del Cielo. Esto implica abrir nuestro corazón para dar el tipo de amor a los demás que nos gustaría recibir nosotros mismos.

¿Cómo es amar a nuestros amigos y vecinos? Hay más de una forma de compartir el amor con los que están cerca de ti. Aquí hay algunas reglas fáciles de seguir:

• Vive a través de la generosidad. Esto es especialmente importante cada vez que encuentres a alguien que lo necesite. Sírvelos no por la recompensa, sino por amor.

• No robes o seas engañoso con los demás. Siempre habrá otras personas que oren por los necesitados.

No seas como estas personas, sin importar lo que puedas ganar. Actúa en amor en su lugar, ya que las recompensas son mayores.

• De manera similar, no maldigas a los sordos ni coloques un obstáculo ante el ciego. Cómo tratamos a las personas más vulnerables de la sociedad es cómo seremos tratados en la próxima vida.

Muestra a todos amor y no hagas nada para obstruir a aquellos que hacen lo correcto.

• No difames a los demás. Hablar mal nunca es actuar en amor. Además, al calumniar, haces que otros actúen en pecado. Habla directamente con aquellos con quienes tienes problema, enfrentando los problemas de frente. Haz esto para mejorar la vida de los demás en lugar de empeorarla.

• Haz lo correcto cuando nuestro vecino esté en peligro. Niégate a quedarte de brazos cruzados cuando otros necesitan nuestra ayuda en cualquier situación. No te hagas a un lado cuando alguien necesita tu ayuda.

• No mantengas las malas acciones de los demás en su contra. Si alguien hace mal, confronta a esa persona. Perdona si se disculpa, no lo reprendas si no comprende la importancia de sus errores. Cuando nos enfocamos en las malas acciones de los demás, eso nos lleva al pecado.

• Sé generoso con tus vecinos sin tratar de vengar las malas acciones anteriores. No hay razón para guardar rencor o buscar venganza si estás operando con amor.

Por lo tanto, debes perdonar las fallas y seguir siendo la persona afectuosa, amorosa y generosa que sigue el modelo de Jesucristo.

Estos principios, por supuesto, todos se reducen a hacer por los demás lo que quisieras que ellos hagan por ti. Si te enfocas en la imagen de Dios mientras interactúas con tu vecino, no tendrás dificultades para amarlo y hacer lo correcto.

VIV. Amar a Tu Esposo o Esposa

" Maridos, amad a vuestras mujeres, así como Cristo amó a la iglesia, y se entregó a sí mismo por ella, para santificarla, habiéndola purificado en el lavamiento del agua por la palabra, a fin de presentársela a sí mismo, una iglesia gloriosa, que no tuviese mancha ni arruga ni cosa semejante, sino que fuese santa y sin mancha." **Efesios 5: 25-27**

--

El mensaje de Dios a Israel de que no deberían tener dioses ante el Señor fue ignorado a lo largo del Antiguo Testamento una y otra vez. Por lo tanto, Dios envió al profeta Amós para advertir al pueblo de Israel de sus transgresiones, pero fue ignorado en gran parte. Debido a esto, Dios envió a otro profeta para advertir sobre el próximo juicio. Esta vez, el mensajero fue el profeta Oseas.

Oseas fue enviado por Dios "Ve, tómate una mujer fornicaria, e hijos de fornicación; porque la tierra fornica apartándose de Jehová". **Oseas 1: 2**

Siguiendo las instrucciones del Señor, Oseas se encontró y se enamoró de Gomer, quien se arrepintió y tuvo fe en Dios inicialmente. Por lo tanto, Oseas y Gomer se convirtieron en marido y mujer.

Poco después, los dos tuvieron su primer hijo, Jezreel, a quien Dios le dio su nombre. Aunque Oseas estaba emocionado con la última incorporación a la familia, notó un cambio dentro de su esposa.

Mientras que Oseas se sintió libre, ocupando su tiempo al compartir el mensaje profético de Dios, Gomer estaba inquieta. En lugar de pasar su tiempo en casa o en el ministerio con Oseas, ella pasaba el tiempo lejos. El amor de Gomer por Oseas, y subsecuentemente su amor por Dios, de repente se desvaneció.

Gomer comenzó a pasar menos tiempo en su casa, y Oseas se preocupó porque su esposa le estaba siendo infiel. Estas sospechas se confirmaron ya que Gomer no concibió a uno, sino a dos hijos fuera del matrimonio sucesivamente. En este punto, toda la comunidad sabía lo que hacía Gomer.

El amor de Oseas por su esposa fue un ejemplo directo de amor ágape. Mientras los hombres prometían posesiones materiales a Gomer, Oseas le suplicaba que se quedara. Intentó todo lo que pudo para evitar que Gomer se fuera con sus nuevos amantes. Pero ella siempre se iba. Un día, se hizo evidente que Gomer se había ido para siempre.

Pero el amor de Oseas por Gomer no se desvanecería. Aún deseaba que su esposa regresara. Oseas también tenía fe en Dios de que algún día ella querría a su familia. Sin embargo, probablemente no podía imaginar la situación que la llevaría de vuelta a casa.

Un día, Oseas escuchó que la relación de Gomer con otro hombre había terminado y que ella había sido vendida como esclava. Dios le dijo a Oseas: "Ve, ama a una mujer amada de su compañero, aunque adúltera, como el amor de Jehová para con los hijos de Israel, los cuales miran a dioses ajenos, y aman tortas de pasas". **Oseas 3: 1**

Así que Oseas buscó a Gomer y finalmente encontró que la vendían en un mercado de esclavos. Estaba sucia e indigente, pero Oseas aún la amaba. Incluso terminó pagando quince monedas de plata y algunos fajos de cebada por la libertad de su propia esposa.

Luego ambos se fueron a casa, donde ella fue restaurada a la posición de su esposa. La historia de Oseas explica el amor que Dios le muestra a su pueblo, incluso cuando pecamos contra él.

¿Cómo demuestras que amas a tu cónyuge?

Es difícil poner tus necesidades detrás de las necesidades de los demás. Esto es especialmente cierto para nuestro cónyuge, ya que muchos de nosotros sentimos que nuestro cónyuge está específicamente aquí para ayudarnos a satisfacer nuestras necesidades. La empatía es una de las mejores herramientas para un matrimonio victorioso.

Tres formas de mostrar empatía a tu cónyuge son:

• *Haz que tu pareja se sienta bienvenida en tu corazón*

Concéntrate en las cualidades y fortalezas que honras y respetas en tu pareja. Este simple enfoque restaurará el valor de tu pareja en tu corazón.

• *Interésate en cómo se siente tu cónyuge*

¿Recuerdas cuando eran novios? Tenías un interés insaciable por los sentimientos de la otra persona y como hacerla feliz.

• *Valida los sentimientos de tu pareja*

Validar los sentimientos de tu pareja significa valorar lo que él o ella siente y demostrarlo a través de comentarios de apoyo.

"Vosotros, maridos, igualmente, vivid con ellas sabiamente, dando honor a la mujer como a vaso más frágil, y como a coherederas de la gracia de la vida, para que vuestras oraciones no tengan estorbo". **1 Pedro 3: 7**

Este versículo dice que amar a tu esposa mejora tus señales de comunicación. Tu oración llega al cielo sin problema. Por otro lado, cuando no amamos a nuestras esposas correctamente, las señales caerán.

El verdadero amor por un cónyuge no es solo un sentimiento o una actitud. También es mucho más que estar enamorado por lo que tu cónyuge hace por ti. El verdadero amor conyugal es desinteresado.

El verdadero amor conyugal pregunta: ¿cómo puedo actuar dentro del Sistema Operativo del Cielo para beneficiar la vida de mi pareja? ¿Qué puedo hacer para mejorar la vida de mi cónyuge hoy? La forma de transformar tu matrimonio es responder a esa pregunta y actuar desde un lugar de amor.

Mostrar amor verdadero hacia tu cónyuge te ayudará a darte cuenta de que tus necesidades y las de tu cónyuge son una misma cosa. Por lo tanto, realiza todas las acciones para bien de tu cónyuge por amor y afecto.

Porque nadie es perfecto, y cuando nos enfocamos en las necesidades de los demás en lugar de hacerlo solos, actuamos con amor perfecto dentro del Sistema Operativo del Cielo.

X. Amar a Tu Enemigo

"Oísteis que fue dicho: Ojo por ojo, y diente por diente.
Pero yo os digo: No resistáis al que es malo; antes, a
cualquiera que te hiera en la mejilla derecha, vuélvele
también la otra; y al que quiera ponerte a pleito y quitarte
la túnica, déjale también la capa; y a cualquiera que te
obligue a llevar carga por una milla, ve con él dos. Al que
te pida, dale; y al que quiera tomar de ti prestado, no se lo
rehúses". **Mateo 5: 38-42**

--

Dios ha hecho por nosotros lo que quiere que hagamos por
los demás. Aunque lo hemos perjudicado innumerables
veces, el amor infinito e ilimitado de Dios permanece.

Del mismo modo que hemos recibido la gracia de Dios a
través del amor, también nosotros estamos llamados a
vivir con gracia al seguir el Sistema Operativo del Cielo.
Esto incluye no solo amar a nuestra familia, amigos y
vecinos, sino también a nuestros enemigos.

Como mencioné antes, el sistema operativo de Dios
contiene mucha sabiduría. Si Dios es amor, entonces el
amor es sabio. He visto y entiendo muy bien lo difícil que
puede ser amar a un enemigo. También me di cuenta de
que muchos creyentes hoy en día no muestran amor a sus
enemigos simplemente porque no tienen la sabiduría para
hacerlo. ¿Estás listo para aprender cómo? ¡Sé que lo estás!

Cuando Jesús dijo que pusiera la otra mejilla, se estaba
refiriendo a algo más que un ataque físico. En realidad,

estaba enseñando prevención. Verás, la mayor manifestación de sabiduría no es encontrar soluciones, sino prevenir problemas. A los enemigos les gusta discutir, así que no discutas y mantén la calma. Esa es una forma de amarlos. Si evitas que una discusión se convierta en un ataque físico, estás demostrando amor porque un altercado físico puede hacer que uno de ustedes se lastime. ¡La sabiduría es clave cuando se trata de amar a nuestros enemigos!

Otra cosa para recordar es que tus enemigos tienen familia. Muchas veces, miembros inocentes de tu familia quedan atrapados en el fuego cruzado de situaciones difíciles. Puedes enojarte con alguien por atacarte. Sin embargo, también puedes pedirle a Dios que te muestre por qué están actuando de esa manera. La Biblia dice, en **Proverbios 16: 7**, "Cuando los caminos del hombre son agradables a Jehová, aun a sus enemigos hace estar en paz con él". Este versículo nos dice, que creamos enemigos cuando nuestros caminos no agradan al Señor. Siempre examínese antes de quejarse de tener enemigos.

Cuando Dios permite que un amigo se convierta en un enemigo, es simplemente para proteger esa relación de un daño mayor. Dios no permitirá que esa persona regrese a nuestras vidas, hasta que hagamos las debidas correcciones.

Creemos que cuando la Biblia dice amar a tus enemigos, se supone que debes sentir la emoción del amor. Tengo noticias para ti: muchas veces no la sentirás. El amor de Dios se basa en la obediencia y no en los sentimientos. Necesitas fe para perdonar y amar a un enemigo.

"Padre, perdónalos, porque no saben lo que hacen", dijo Jesús.

Los líderes judíos se rieron de Jesús, los soldados se burlaron de él y la gente se quedó mirando. Fue entonces cuando uno de los criminales junto a Jesús gritó: "Deberías temer a Dios. Todos nosotros moriremos pronto. Tú y yo somos culpables. Merecemos morir porque hicimos mal. Pero este hombre no ha hecho nada malo". Luego dijo:" ¡Jesús, acuérdate de mí cuando comiences a gobernar como rey!"

Y, aun así, mientras Jesús colgaba de la cruz, bendijo al criminal al decir: "Te lo prometo, hoy estarás conmigo en el paraíso". El sol dejó de brillar y Jesús gritó: "Padre, puse mi vida en ¡Tus manos!" Y luego murió.

A veces en nuestras vidas, nos encontraremos con aquellos que no nos quieren o que quieren causarnos daño. Sin embargo, dentro del Sistema Operativo del Cielo, debemos hacer lo correcto sacrificando el ego y perdonando a los demás. Esto es cierto incluso cuando no creemos que el perdón esté lógicamente justificado.

No todos "ganaremos" con el amor, pero esa no es una razón para no buscar el mejor interés de aquellos que no buscan lo mismo para nosotros. En este sentido, nuestro vecino y nuestro enemigo no son diferentes. Siempre debemos ayudar y amar a las personas que lo necesitan, incluso si se oponen a nosotros.

Confrontémonos con el mal como lo hace Jesús. Todavía tenía amor, incluso cuando la gente se paraba, miraba y se burlaba de él mientras moría en la cruz.

No importa qué actos malvados haya hecho alguien. Todavía se supone que debemos actuar por amor y dejarlo en manos de Dios para que Él lo juzgue en lugar de ser nosotros mismos los jueces.

Entonces, ¿cómo muestras amor a tus enemigos? Trabajar dentro del Sistema Operativo del Cielo es suficiente. Esto implica:

• Ayudar a tus enemigos de forma anónima
• Satisfacer las necesidades físicas de tus enemigos ayudándolos con actos prácticos
• Orar por tus enemigos.

Hacemos estas cosas no por las recompensas en esta vida, sino por las recompensas que ganamos en la próxima. Porque Dios ve lo que hacemos. Su placer y satisfacción en nuestra vida es todo lo que necesitamos.

XI. Amarte a Ti Mismo

"Porque nadie aborreció jamás a su propia carne, sino que la sustenta y la cuida, como también Cristo a la iglesia, porque somos miembros de su cuerpo, de su carne y de sus huesos". **Efesios 5: 29-30**

--

Puedes argumentar, y muchos lo hacen, que el amor propio no es apropiado en el sentido bíblico. Sin embargo, algunas personas pueden leer algunos de los mismos pasajes y concluir que el amor propio no solo es necesario, sino también un aspecto predeterminado de nuestra naturaleza.

La verdad es que hay dos tipos de amor propio en la Biblia. Uno es saludable, natural y necesario, y el otro, cuando se lleva demasiado lejos, puede conducir al pecado.

Toda persona tiene deseos y necesidades. Todos valoramos ciertas cosas que creemos que son de nuestro mejor interés para hacer o tener. En la vida, todos los demás también están tratando de lograr sus objetivos para maximizar la felicidad de ellos mismos y de los demás.

Este proceso natural de buscar la felicidad es evidente en la vida de todos. Es el paso normal para progresar a lo largo de su vida y lograr sus objetivos.

Luego está la segunda forma de amor propio. Esto no implica darte lo que necesitas para amar a Dios y en cambio te convierte en el centro de tu universo. El amor propio como este puede convertirse rápidamente en vano y egocéntrico.

De esta forma, en lugar de buscar el progreso, miras hacia atrás y te elogias por tus logros, apariencia y talentos. Tomado demasiado lejos, este tipo de amor propio se interpone en el camino de amar a los demás.

La desconexión entre nuestra imagen de nosotros mismos y la falta de comprensión de Dios en nuestra vida es una de las razones por las que más personas que nunca antes tienen problemas de salud mental. La ansiedad, la depresión y otras enfermedades afectan a un gran porcentaje de la población dentro de los Estados Unidos y en todo el mundo.

Entonces, ¿por qué, si somos naturalmente capaces de amarnos a nosotros mismos, estos problemas están tan extendidos? ¿Y qué se puede hacer al respecto? La mejor manera de encontrar las respuestas a estas preguntas es estudiar la vida de Jesús, el mejor mentor en el que los humanos pueden basar sus acciones.

El amor propio bíblico que funciona dentro del Sistema Operativo del Cielo no se trata de un auto-culto jactancioso. En cambio, se trata de cuidarte a ti mismo. Cuando te cuidas, puedes continuar el plan de Dios para tu vida e impactar las vidas de las personas con las que te encuentres.

Incluso Jesús tuvo que dormir, comer, beber y cuidar su cuerpo, sabiendo que es la base de una relación con Dios.

Esa declaración, por supuesto, nos lleva al punto de que el amor propio en el sentido del Sistema Operativo del Cielo no proviene solo de tomar acciones por ti mismo. También se basa en la conexión que tienes con Dios y las relaciones que desarrollas con los seguidores de Cristo.

Si fallamos en desarrollar una conexión con Dios y el pueblo de Dios, y si tampoco le damos a nuestro cuerpo el alimento que necesitamos, entonces no podemos enfocarnos en las necesidades de los demás o amarlos desinteresadamente. Por lo tanto, se necesita una cantidad saludable de amor propio para trabajar dentro del Sistema Operativo del Cielo.

Si podemos amarnos a nosotros mismos, ¿por qué la gente está tan enferma? La mayoría de las personas hoy en día están enfermas. Se niegan o simplemente no ponen el amor de Dios antes que el amor por ellos mismos.

Tampoco aman a sus vecinos y no comprenden lo que es el amor propio bíblico. Para vivir de manera saludable, es necesario dar la vuelta al orden, con Dios y el amor a cargo de nuestras acciones.

La falta de perdón puede enfermarte. Puedes poner una pesada carga sobre sus emociones, lo que eventualmente puede causarte enfermedades. Ya ves, cuando perdonas, es más un beneficio para ti que para el que te lastima.

Cuando hay una falta de amor propio, fallamos en nutrir el cuerpo. El estilo de vida saludable se tira por la ventana por las comodidades modernas. Las relaciones sanas con los seguidores de Cristo no se desarrollan.

Incluso los patrones de alimentación saludables llenos de alimentos que Dios nos anima a comer están siendo reemplazados por lo que es rápido, fácil y conveniente. Recuerda que lo que es rápido y fácil de hacer no se relaciona con que lo que es correcto para aquellos en la familia de Dios.

La clave es hacer que tu autoestima provenga de cómo amas a los demás. "Trata de hacer lo que es bueno para los demás, no solo lo que es bueno para ti" **(1 Corintios 10:23)**. Al hacerlo, obtienes auto-realización, felicidad y una mejor salud.

XII. Amar a Tu Dios

Cualquiera que diga: "Creo que Jesús es el Hijo de Dios" es una persona que vive en Dios, y Dios también vive en esa persona. Entonces conocemos el amor que Dios tiene por nosotros, y confiamos en ese amor.

"Dios es amor; y el que permanece en amor, permanece en Dios, y Dios en él. En esto se ha perfeccionado el amor en nosotros, para que tengamos confianza en el día del juicio; pues como El es, así somos nosotros en este mundo". **1 Juan 4: 15-17**

--

En este punto, debes tener una comprensión revitalizada de lo que Dios te está pidiendo. Además de trabajar dentro del Sistema Operativo del Cielo para amar a los demás, existe una relación que es la más importante. Hablemos de cómo puedes usar el Sistema Operativo del Cielo para formar una conexión más fuerte con el Señor.

Naturalmente, al seguir los otros comandos delineados en el capítulo anterior, tendrás una mejor conexión con Dios. Esto es porque El hace tu vida completa a través del amor y desarrollarás una mayor comprensión de lo que es Dios.

¿Pero es suficiente amar a nuestros amigos, vecinos y enemigos? La Biblia nos dice que primero debemos amar a Dios con todo nuestro corazón, alma, fuerza y mente. Entonces, ¿cómo se ve esto?

Lo primero que podemos hacer es construir una relación con Dios. Hacemos esto a través de la oración diaria y la conversación con Dios. Permítele ver la pasión por Él que llena tu vida. Celebra los regalos que nos brinda al comunicarte con Dios, no solo en la iglesia, sino también en privado.

Segundo, debemos escuchar las instrucciones de Dios para nuestras vidas. Si estamos demasiado ocupados hablando, podríamos perdernos ese importante mensaje. Esto incluye escuchar a las personas que hablan la palabra de Dios. Nuestra relación con Dios no es unilateral, por lo tanto, debemos esperar a que Él nos comunique el camino correcto.

Tercero, permite que controle tu vida dejando que el amor haga el trabajo. Él te mostrará cómo emplear tu tiempo, energía y talentos si lo permites.

Cuando le creemos a Dios, le damos alegría, y cuando dudamos, le traemos dolor. En la historia de Job, podemos ver a un hombre cuyo amor por Dios se probó. El diablo pensó que la lealtad de Job hacia Dios se debía a la cantidad de bendiciones que el Señor le había dado. Pero descubrimos que ese no era el caso.

Le mostramos amor a Dios cuando confiamos en Él, es decir, confiamos en Él cuando no entendemos el proceso por el que estamos pasando. Cuando el Señor respondió a Job desde el torbellino, no le habló a Job sobre el proceso. En cambio, le mostró a Job cuán infinita es su sabiduría. El libro de Job es una lección sobre la confianza en la sabiduría de Dios, incluso cuando las situaciones parecen injustas. "Y sabemos que a los que aman a Dios, todas las cosas les ayudan a bien, esto es, a los que conforme a su propósito son llamados". **Romanos 8:28.**

Comprende que Dios corrige a quienes ama. La corrección es la más alta expresión de amor, según el cielo. El Sistema Operativo del Cielo es perfecto, pero podemos arruinarlo permitiendo que los 'errores' del enemigo, o verdades retorcidas, nos corrompan. Entonces la corrección es necesaria para evitar que nos autodestruyamos. La forma en que reaccionas a la corrección muestra a Dios cuánto lo amas.

Cuando tu teléfono recibe una actualización para arreglar algo en el sistema operativo, ¿cómo reaccionas? Te hace feliz, ¿verdad? Esa debería ser tu reacción cuando el Señor te corrige. ¡Regocíjate porque Él te ama!

Finalmente, debemos amar al Señor con todas nuestras fuerzas. No podemos entender en lo absoluto, por que estamos en esta tierra, pero el Señor lo sabe. Para seguir su mandato, puede llegar un momento en el que seamos desafiados física o mentalmente.

Mantente dispuesto a dar todo tu esfuerzo al prójimo o vecino en tiempos de necesidad. Puede ser difícil dar el primer paso para ayudar a otro, pero cada sacrificio te acerca más al Señor.

El amor a Dios no viene todo de una vez. En cambio, es un proceso continuo durante toda la vida. Nunca pierdas la oportunidad de fortalecer tu conexión con el Señor o tus hermanos y hermanas en Cristo. Hacer eso agrada a tu creador y solidifica tu lugar en el Cielo.

Cuando tengas alguna pregunta sobre lo que deberías hacer, piensa: ¿esto va a favor o en contra el Sistema Operativo del Cielo? Cuando conozcas la respuesta, Dios controlará tus próximos pasos y te guiará por el camino correcto.

"Mirad cuál amor nos ha dado el Padre, para que seamos llamados hijos de Dios; por esto el mundo no nos conoce, porque no le conoció a él". **1 Juan 3: 1**

Conclusión

Vivir en el Sistema Operativo del Cielo es mucho más que solo sentir que amamos a alguien. Realmente se reduce a las acciones que tomamos a diario, al expresar nuestro amor mutuo y al Señor.

El materialismo, el consumismo y las tecnologías modernas han mejorado enormemente las vidas de los seres humanos en los últimos cincuenta años. Sin embargo, estas cosas también pueden distraernos de la verdad. Esta verdad es que estamos llamados a amar a Dios y a los demás con todo nuestro corazón. Desafortunadamente, muy pocas personas lo saben, y aún menos actúan todos los días.

Hay una gran frase que dice: "Las personas están hechas para ser amadas y las cosas están hechas para ser usadas". Pero con demasiada frecuencia, usamos personas y amamos las cosas". Hemos perdido el entendimiento de que nuestras relaciones en la vida valen más que cualquier posesión material. Recuerda esto a medida que avanzas en la vida.

"Pero tengo contra ti, que has dejado tu primer amor. Recuerda, por tanto, de dónde has caído, y arrepiéntete, y haz las primeras obras; pues si no, vendré pronto a ti, y quitaré tu candelero de su lugar, si no te hubieres arrepentido." **Apocalipsis 2: 4-5**

En este versículo está la clave para reavivar tu primer amor. Primero, reconoce de donde haz caído, luego arrepiéntete, lo que significa que debes ver un cambio en tu corazón. Por último, pero no menos importante, vuelve a las primeras obras. Ora, ayuna, sirve en tu iglesia local y pase tiempo con Dios, como solías hacerlo. Al principio, no lo sentirás, pero después de un tiempo, ¡ese fuego arderá como nunca antes! La obediencia a las instrucciones de Dios es de lo que se trata el Sistema Operativo del Cielo.

El amor es la fragancia de Dios sobre ti. Es lo que te identifica como un verdadero seguidor de Jesús. Todos tenemos la capacidad de amar porque Él nos amó primero. Recuerda que todo don celestial cesará, pero el amor nunca dejará de ser.

Armado con el Sistema Operativo del Cielo, estás listo para trabajar mejorando tu vida y la vida de quienes te rodean. Recuerda, dejar que el amor haga el trabajo en tu vida, perdonar cuando se requiera y usar a Jesús como ejemplo de cómo debes ayudar a los demás. Hazlo y estarás bien cuando las puertas del cielo se abran para ti para la vida eterna.

¡Muchas bendiciones!

Jose Font

Sobre el autor

José Font fue llamado a seguir a Dios desde una edad temprana, gracias a una sólida base religiosa inculcada por sus padres mientras crecía en Nueva York. A través de una vida de devoción, ayuno y oración, él ha desarrollado una conexión profética con el Señor.

José ha viajado por el mundo para compartir el mensaje de Dios durante más de diez años de ministerio a tiempo completo. Su primer libro, *Amor: el Sistema Operativo del Cielo*, fue escrito para ayudar a las personas a desarrollar conexiones duraderas con su Creador, así como con sus familias, amigos y vecinos. Este libro enseña cómo amar al Señor y a los demás con fe y devoción inquebrantables.

www.ingramcontent.com/pod-product-compliance
Lightning Source LLC
Chambersburg PA
CBHW061156040426
42445CB00013B/1699

* 9 7 8 0 6 9 2 1 1 0 2 4 9 *